꽃은 화장을
안 해도
예쁘다

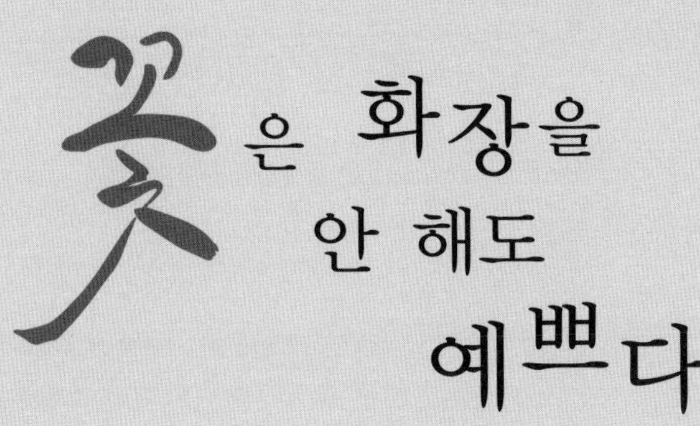

유선기 시집

도서출판 천우

신인상 수상식에서 황금찬 시인님과 등단을 추천해 준
웅비 김효태 시인님과의 기념사진

● 序詩

인간(人間) 삶의 본질은 인문학(人文學)으로
나의 시 창작관(詩創作觀)은
주마등을 찾는 침묵처럼……

죽(竹) 나무가 속은 텅 비어 있으나
급(急)할 줄 모르고
모든 욕심도 버리고
희망찬 꿈을 가지고 옆도 보지 않고
하늘로 구름을 향하니
비바람이 불어 몸살이 나, 흐르고 날아가도
시간이 지나면 봄소식을 배달한다

하늘을 목표로 하는 꿈을 꾸듯
시어(詩語)를 찾는 갈등의 집착은
현대인의 긴장을 해소시키는 심안(心眼)으로
산다는 가치를 발견할 때까지

나는 시향(詩香)의 숲속에서
독자들과 공감의 무대에서 함께하는
행복(幸福)을 엮어가리라

2017년 12월

寶山

제1부
국자는 국 맛을 모른다

● 序詩

제2부

산청 향기

제3부

슬픈 연서

제4부

용봉사

제5부

나는 가수다

제6부
주마등

제1부

국자는 국 맛을 모른다

국자는 국 맛을 모른다 1

산에는 산불
광야에는 촛불 횃불
백성은 열불
정가는 진정 정심을 모르나
국자도 국 맛을 모르는데
민심은 종합병원…!

불꽃 축제는 언제나 떨어지나
낮에는 촛불 밤에는 횃불
불은 불이 아니다
생각이 있는 불
설한에도 열불이 난다
비상하는 새도 뒤를 보지 않는다

봄

봄이 오려나
노란 우산
하얀 미소로

우산 속 봄이 오고
바람 속 미소 짓네
소금을 지고 있는
노란 우산

봄을 시샘을 하듯
찬 바람 손짓
봄이 오려나
무거운 바람이 스친다

봄소식

황사 바람
구름 몇 점 입에 물고
한낮도 깜깜하구나

하늘을 등에 업고
오늘은 눈부시게 열리고
동백꽃이 앞에 오고

하늘을 등에 업고
오늘은 눈부시게 열리고
동백꽃이 앞에 오고

청매실 산수유 진달래
꽃밭 속에
봄이 바람 타고 가네

지금쯤 어데 가고 있나
멀리 떠난 친구들
소식 좀 전해다오

소망

어렸을 때 소망
이루어질까?
나에 맞는 옷을 입고 싶어
내 소망은 수포로
형이 입었던 바지 줄이고
새 옷을 입을 때도
맞는 옷은 없다

작은 옷은 오래 못 입고
헐렁 바지 헐렁 샤쓰
헐렁한 옷을 입으면
헐렁한 옷이 나를
입고 있다

헐렁한 옷 사이로
내 인생이
바람이 된다

금강

오리가 먹다 버린
반쪽 달이 물 위에 출렁 흘렁
강바람에 피리 부는 갈대

강물은 달을 먹고
달은 강물을 쪼개고
이슬이 망을 본다

강물은 건너가는 마음
유성이 쏟아지는 강변에
나, 뿐이다

이사

양파 껍질 벗기고 벗겨도
덜컹대는 화물차엔
버리지 못한 찌그러진 냄비

외롭게 울며
괴롭다 한다
굴러가는 밥통
부서진 장미 화분

기도하며 간 곳은 달동네
벚꽃은 피다 말고 떨어져
이를 어쩌랴!

꽃잎은 져도
기도를 하며 가도
괴로운 것 외로운 것
이사는 가슴 아픈 것

입주한 거미집

거미줄 우편함
거미가 우편함 막고 있다
소식이 없어
문을 닫는 중
지나고 보니
거미줄 공사

거미줄 앞두고 보니
구백구십 원
딸기표 엽서 몇 장
너무 집을 비우니
주민번호 옮긴 거미가
집, 단장을 하네

매화

매화가 출가하나
연지 곤지 바르고
매화 불꽃 들고
백매 홍매 화엄매 흑매 설중매
고매 시집가네

금둔사 홍매화 입 열고
선암사 청매화 약 들고
화엄사 흑매화 배니* 바르고
잿빛 바지저고리 걸고
눈과 입 맞추고

벌들은 이 방 저 방
선비는 집지하네
선비는 매화를 못 떠나네
선비는 설중매
벌들은 매화꽃
남쪽은 춘매 북쪽은 동매
동매는 사라지고
춘매는 향기 내고

연죽이 동서남북
연죽 불꽃 향기 뿌려
매화 향은
구름 치마 타고 가네

* 배니 : '립스틱'을 뜻하는 경상도 말투.

생각 1

땡감 나무 밑에서
친구와 같이
딱지치기

감꽃이 필 때
땡감이 매달려도
바라볼 줄 모르고

친구가 가버린 후에
땡감 나무 바라보고
땡감 꿀맛은 언제일까

떫은 맛과
단맛도
알게 될까?

맥주보리

엄동설한
솜이불 덮고
꿈속으로 속으로

흰쌀 보리
보리빵
탁주 명주

보리가 눈을 뜨면
창조
변신
변화

솜이불 해님이 방문
초록 바지
시계를 돌리면
노랑 바지

시간이 멈추면
명주로

붉은 연기

한집에서
같은 시간에 출생
순번도 없어

불 속으로
연기 속으로
형제는 그렇게
순서도 없이

아무도 울지 않고
문상객도 없어
연기 속으로

울지 않는 형제들
입은 있어도
말이 없네

소복 한 벌 몇 분이면
재로 변하고
담배 형제는
불 속으로 사라지는데

소금

흰 소금이 쌓이고
흰 눈이 내리고
행복의 눈이 내려

붉은 우산 붉게 물들고
검정 우산 검게 물들어
지구에 앉는다

눈사람 눈
소금은 배추 속으로
눈을 치울 수 없어

소금이라면 깨끗하게
하얀 고집은
언제쯤 녹아질까?

세월이

시간이 도피한 오후
이제야 구름 갇혀
너의 흔적을 본다

녹슨 세파 속에
무참히 시달려
검은 머리 단풍 들고

젊은 청춘
병들고 핏덩이에
쓸데없는 인생 속에

바람 지나듯
세월 못 잡아
병은 고칠 수 없어도

무슨 욕심 그리 많아
생각을 놓지 못하여
천력을 다 쓰는가

태어날 때 빈주먹은
남은 생 빛과 같이
즐겁게~

일주문

드나, 나나
드는 일은 채우는 것
드나, 나나 비우는 것

뜨거운 바람
찬, 바람
드나 나나

채우고 비우고 버리고
드나 나나 바람 소리
가슴에 숨는다

삶에서 받은 상처
나을 무렵
어금니 물고 접고
두렵다

자고 나면 슬픈 삶
봄 소리가 개구리를 깨우고
언제쯤 지나

어디만큼 가야
일주문 드나 나나
수많은 욕심 버리고

바람으로 마음을 비우고
업을 씻어라
업~
업~

연화

그림자만 남긴 너
봄바람 어깨 너머
행여 머리카락 흔들어
봄바람이다 생각

강변에 서서
할미꽃 심어놓고
바라본다

자라서 꽃이 피고 비가 오면
우리의 슬픈 사연이
꽃씨가 되어 같이 가자

그림자 없으면
슬픈 사연 사라지고
모든 상상 잊어다오

제2부

산청 향기

산청 향기

천황봉 아래
왕산 팔봉산
기가 넘쳐

양촌 허준
언제 다녀가셨는지—
수많은 약초가 향을 풀고

전국 한의원 다 모였다
지리산 꽃 각시
녹차 쑥차 구절초

향기가 진하다
개똥쑥 향이
어깨동무하자 한다

꽃은 화장을 안 해도 예쁘다

꽃은 화장도 하지 않지만
꽃은 세면도 하지 않는다
물은 화장을 할 수가 없다

인간은 화장을 하나
바르는 것은 오직 사람뿐
벽에 페인트를 바르듯

계속 바르면
모습이 변하여

본색을 모르면
주소가 변하고
성별이 변한다

그러나
꽃은 향미(香美)가 있다

교맥 꽃

낮에는 메밀꽃밭
밤에는 소금꽃
십 주가 지나면
국수 묵 절편 냉면

본적지는 메밀
변환되어야 한다

변화되면
나는 사라진다

꽃나비

人 인간의 꽃 피고
어떤 색 꽃일까
꽃의 향기에 취해서
미소 짓고

노래가 들린다면
人 인간에게 꽃나비가 오면
어떤 나비인들 생각에
춤추는 나비 꿀 묻고

한 맺힌 한숨
자유를 얻으면
꿀은 열매로
사라진다

꽃반지

반지, 반지 꽃반지
욕망의 덫
반지, 반지 다이아 반지
반지, 반지 아가페(AGAPE)

꽃반지 마음의 속이 보인다
다이아 반지 허풍에 노닐까
클로버 꽃반지
진짜 다이아 반지다

마음이 부자다
꽃반지 깨질까 봐
눈을 지그시 감았다
그녀가 사랑으로 보듬는
그 반지가
진짜 다이아 반지다

누수

한 구멍 막으면
다 막는 것
병마개

한 군데만 막으면
다 못 막는 것은
방수창

한 군데 막거나
두 군데 막아도
효과는 같은 것
댐
누
수

들꽃

대청댐의 새벽길
싱그러운 들꽃들
하얀 다이아몬드
웃음 굴린다

안개비 속
샘물 옆 향나무 입술
미소 굴리던 소녀

달빛 속에 눈도장 찍고
굴뚝새처럼 사라져
언제 또
미소를 볼 수 있나

생각 2

사랑이 그리워 가슴에 안더니
당신 가슴 내 가슴에 와 뛰고
두 가슴을 하나로 할 수 없어

사랑과 그리움은
구름과 땅 사이를
피어나는 안개처럼
태풍이 암석을 깨듯이

상처는 약을 바르지만
마음 아픈 데는 약이 없다
약이 없는
아픔은
없어야 한다

석북

석북의 침묵
가죽 향을 아는지
악보 없는 석북

소리를 멈추었나
악보를 잊었는가?
석북은 무엇을 기다리나
일본 보기 싫어
등 돌리고

지구를 들고 있으나
얼마나 힘들까

태종대 석북
통일이 돼야
말을 할까

언제쯤 소리를
들을 수 있을까

수포

그림자 해풍으로
연도가 보인다
환상의 연도 속으로
죽도가 연꽃처럼
두둥실거리며 떠온다

해송은 파도에 울고
파도는 해송에 묻고
해풍은 노을에 울고
낙조는 해풍에 묻다

파도 안에 수포는 잉태하고
수포는 파도의 포말을 포옹한다
해풍도 파도와 포옹을 하면
지평선 운해는
천둥 속에 울고 있다

안개

술[酒]의 시도 아닌데
낮술에 흔들 건들
먹구름이 건들대며
돌담을 지나간다

제 설움에 통곡
햇살에 젖어
건들건들대

소낙비 쏟아질 때
안개처럼 감싸고
함께 건들건들

해는 석양을 묻고
색소폰의 연주에
꽃구름으로
몸을 씻고 있네

음성

들어도, 들어도
언제나 즐거운
그~ 소리

지친 영혼 속
헤매다 쓰러져
꿈속을 나와
나온 소리

산 넘고 강 건너
높고
머리
귀 흔드는 소리

그리움의 향수
곁에 없어도
멀리 있어도
잊을 수 없나

봉숭아 꽃물

난생처음으로
돌담 밑에 봉숭아 꽃 심었다
물 주고 정성껏 가꾸었다

지난밤 봉숭아 꽃 도둑
여인 도둑의 행위
봉숭아 꼬투리 눈 치켜들고
동네 여인들
손 훔쳐보고 있을 때

앞집 여인이 손사래
칠십 년 만에
봉숭아 물들였다고
나를 보고
고맙다고 만세
만세~~~

흔적

가슴에 새기다
내 가슴을 쪼았다
깊이 묻힌 그 이름

갯마을 내음 나는 죽도
바람과 혼숙한 조개 무덤
세월의 조개 무덤이
섬처럼 등대처럼
높이, 높이

가슴속에 숨어 살자
붉게 물들이고
솟아, 솟아오른다

제3부
슬픈 연서

기다림

공원서 투탁 뚝딱
새벽마다 매질
또 매질하고

상처투성이인 상수리나무
너도 맞아서
배처럼 보-트처럼
익으면 내려올 것을

영글면 내려올 걸
자꾸자꾸 내려오라고
밤, 낮으로 매질

맞은 곳은
붉은 눈물이 솟아

슬픈 연서

펄 속에 묻힌
돛배처럼
가슴속에 묻혀 있는
슬픈 사연들

슬픔 하나
역사 속에 묻힌 슬픔
눈물도 달랠 길 없네
따스한 말로도
위로가 안 되고
다른 슬픔 속으로

깊이 묻힐 수 없듯이
그도 나의 슬픔 속으로
입장할 수 없네

혼자만의
슬픔 안에 머무는 것은
진정 위로
사랑하는 이여

항시 답답하였으나
오늘도 멀리 지켜보고
기다려주오

항상 거리를 두고
그대를 지나가는 듯
모두 용서해주고
용서하소서

고행

너무 묻혀 살았어
이제 떠나고 싶어
팔부 능선 휘어 도는 물가
오지 체험은 탐방꾼들

겨울의 눈과 얼음
힘들게 살아온 역사
타인에게는 재미
젊을 때 고행
늙어서도 고행

겨울의 아침 조각배
뜬눈으로 새벽을 열고
자연이다
지우개로 지울 수 없는

물안개 숨을 멈추면
빈 하늘에 별 나타나
산봉우리 탄생하면
하늘길은 안개 속으로

상처받은 영혼들도
침묵
속
으
로…!

동색

코도 눈도 예쁘고
영원토록 내 머리에 존재
그녀 이제 사라졌다

내 고향 보문산 밑
정겨운 생각들
가다 오다 생각나는
주소도 번지수도

갑자기 변하여
얼굴도 변하고
만나보던 거리
얼굴 고치고 바꿔서
그 사람이 그 사람
영상에 나온 그 사람

진짜 그 사람은
어디에 있을까……

기도 1

두 눈을 감으면
기도하는 것
오른손 왼손으로
안기만 해도

두 손을 가슴에 모아도
기도하는 것
님의 이름을
부르기만 해도

당신의 상 앞에 서서
소낙비 우산 속에서
항시 기도하는 것
기도……

국자는 국 맛을 모른다 2

큰 나무는 숲을 볼 수 없고
큰 소리는 작은 소리를 모르고
정세가는 귀도 없나
국자도 국 맛을 모른다

가슴에 담은 사랑
모로 누우면 쏟아질까 두려워
모로 눕지 못하네

돔 안에서 독가스 발사 중
촛불은 끌 수 있어도
애불[愛火]은 끌 수 없네

봄이 오려나
향기 머금은 비가 오네
봄이 오는 소리는 여행 중
정세가의 귀도 여행 중
유성우가 떨어지려나
국자도 국 맛을 모른다

노을

새가 날아 노을 된다
영상 노을 숲속으로
허수아비 앉아

허수아비 머리에
세월을 비비고
화장도 하며

노을은
화장이 너무 진해
매일 화재가 나

오늘도
노을이 오면
불을 볼 수 있을까

가을이 간다

은(銀) 갈치는 햇살에 날고
낙엽은 햇살에 날다

귀뚜라미의 악기를 입에 물고
단풍나무 아래서 색소폰 연주하니
단풍잎은 바람으로 연주를 한다

떠나는 가을
가을이 떠나면
봄이
오
겠
지
.
.
.

열무

새벽부터
열무 몇 단을 이고
장에 간 엄마
해는 넘어간 지 오래
나는 책 속에 베개 속에
얼굴을 묻고
배 속에서는 끓는 소리

열무가 녹았나
양철 대문 우는 소리
엄마는 어디쯤 오나

방이 너무 넓다

염화

벌써 겨울의 문턱
염천이 고개를 넘고
코스모스 바람을 등에 업고

메밀꽃
구름 잎에 몰고 춤추는데
염전 소금 바람 안고
떨고 있네

메밀꽃 염화 뿌리고
소금밭에 메밀꽃 바람 지나
구름아 놓아라
바람아 불어다오

워낭 소리

노랑 나비 봄 모시고
산등성이 돌아오니
까치집 짓는 소리

개나리 흔들흔들
느티나무 하늘하늘
도랑물 졸졸 인사하면

빨래터 시집살이
아낙네 한 소리
멀리 송아지 어미 찾는 소리

보리밭 이랑으로
봄이 오는 소리
황소 밭 가는 소리

의사당
봄 깨지는 소리……

미르 G20

미르들이 합창하는 날
하늘에 춤추는 풍선
색다른 잠자리 모인다

붉은 카펫은 침묵하고
미르들 간 곳도 없고
하늘도 침묵하고

하늘이 뻥튀기 시합하나
얼음과자 쏟아지고
검은 상자 굴러온다

세계의 잠자리 달려와
금빛 상자 안으로 속으로
두 발 네 발 상자 안으로

거리마다 찬란한 광선들
미르들이 합창하며
상자 속으로 사라진다

미르들의 경제 분석
미르들만 단합 대회
세계인 모두가 침묵인가?

태풍

기다리지 않아도 오고
기다림 없을 때도 너는 오고
어느 바닷속에서 터져 나와

예고 없이
어항들 청소하고
집과 씨름하고

태풍이 지나면
쓰레기장 되네

무서워 잡을 수 없네
나는 아무것 할 수 없어
눈물이 난다

태풍아 너는 이름은 있는데
성은 없구나!

함태산

아침마다 기도하고
신에 감사하며
많은 설움
미소로 털다 보면

사경을 헤매고 한짐을 져도
언젠가는 후회할 거
모든 일이 마음대로 된다면
궁지에 빠지고 슬퍼도

송림에 백로 앉아
단풍잎 떨어진 자리에 한숨이
공주 가고 난 뒤

눈비 내리니 더 안타까워
세상사 함태산은 알고 있는지
공주를 기다리는 여인

처방전

합동 위령제
광장마다 촛불 향기
슬프고 억울하고
통탄스러운 횃불

너도 속고 나도 울고
너무 허무한 사회
맑은 물은 몇 인간이
흙탕물 오염으로

모든 촛불 횃불로 밝은 사회를
언제쯤 촛불을 들지 않아도
밝고 아름다운 사회가 오나

수백만이 촛불을 밝혀도
왜 해는 뜨지 않는가
처방전은 없는가?
처
방
전

제4부

용봉사

가을

푸른 지붕에
당신을 향한 언, 설(雪)이
지금은 빨간 잎으로 변해버려
산을 넘어온 단풍 구름

내 손안으로
앉고 떨어지고
그녀 한 번 보려고
네 번을 변한 산천

무섭게 걸어온 세월
가을은 항상
낙엽수 눈이던가?

용봉사

백색 날개가 부서지고
바위가 검게 멍들었다
백색 날개는 다시 오고
바위는 검게 멍들어

백팔 계단이 어지럽게
파도가 깨진다 긴긴 밤~
지켜온 용봉사의 스산한 계곡
스치는 목어의 인경 소리
얼마나 오랜 고뇌인지
백팔 계단이 증인인 듯
파도 소리가 목탁 소리다
파도 속에 빠진
구름을 건너
소쿠리에 말리고
바위 귀는 목탁을 닮았나!

나그네 잠시…
고단한 짐을 풀고
훠이훠이 쉬어 가라

제일 높이 뜬 새가 가장 멀리 본다고
학창 시절 대전의 명산 보문산 밑에서
솜털 같은 꿈을 만들어
선생이 되고 기자가 되고 하던 생각들

그것은 삶의 무게가 아니었다
공직이 안성맞춤이 되었는지…
그러나 글 쓰는 삶을 천명으로
정신은 부자로 행복으로 즐겁게 해주는
시(詩)라는
우정을 만나 사랑하게 되고
연인과의 사랑처럼 양파 껍질 벗듯
주변 문학, 환경의 지도하에
낚시하듯 글을 엮을 수 있고 싶을 때
닫힌 시향(詩香)의 문을 열어주신
한 시인*의 향수가 발하였으리라~

* 시인 : 김효태. (사)세계문인협회 이사. 중국 조선족 문예지 『해안선』 작품 초대 시인.

노고초

가슴을 여미는
강변에 앉아서
꿈을 꾸며
세상을 바라본다

세월이 지나 꽃이 피고
비가 오면 우리 슬픈 사연은
꽃씨가 되어 같이 가자

그림자가 없어지면
슬픈 사연도 사라지니
모든 형상 잊어다오

달

죽방에 앉아

내 달은 호수 안에
네 달은 안개 속에

내 달은 파도 속으로
네 달은 안개 속으로

내 달은 호수 속으로
네 달도 호수 속으로

내 달은 반쪽
네 달도 반쪽

내 달도 둥근달
네 달도 둥근달

변산 길

잠시 눈을 감는다
멀리 먹구름이 온다
다가올수록
검은 점으로 변한다

구름에 걸린 오리 떼들이
남녘으로 방학 끝내고
북으로 학교를 가네

동백을 남겨두고
변산을 지나가네
채석강이 노트 펴고
하늘을 그려보네

파도가 박수 치며
잘 가라 하네
파도는 쉬는 시간

파래가 바위틈에 뿌리 심고
봄을 손짓하네
생명이 탄생

바위게가 수영 연습
봄의 생명력
보리밭 물결이 파도치네

백호마(白胡麻)

백호마
백지마
진임
모두 쌍둥이 형제

꼬투리는 방이 네 칸
한방에 열네 쌍둥이
육십오 일 잠만 잔다

백호마는 방학이 길다
백지마는 잠만 잔다
진임은 모두 형제

오십육 명이 방학이다
형제들은 함께 외출
하늘을 본다

형제들은 멍석에 놀고
굴러가는 훈련병
백호마는 매를 맞고 태어나

꼬투리가 부서지면
형제는 오십육
한방에 열넷 차렷하고

장군처럼 줄서서
머리는 지구로
발은 우주로

가마솥에 노란 몸단장
백색 쌍둥이들은 가마솥으로
출산하면 노란 형제들…

방학 꽃

방학의 전도사
봄 소리 택배
추백 동백 춘백

방학을 하면
붉은 립스틱 바르고
봄소식을 보내주고

서쪽에서는 서산에서
남쪽에서는 화엄사에서
천연기념물 동백꽃

충남 서천 마량리 동백정
고창 선운사
거제 학동
전남 광양
강진 백련사
여수 오동도

방학이 끝나면
내년 방학에

꽃의 속도 단풍의 터널
함께 걸으며

만덕산 탐방로
다산 산책로
다산 마실길
호남길 지나며
봄
봄 동백꽃 동박새 찌르릉, 찌르릉
봄

분신

분신은 나다
나는 분신의 본체
분신은 절대 배신 않는다

중심 중의 중심
밤에는 외출 중
낮에는 떨어질 줄 모른다
분신은 무게가 없다
소리도 없다

분신은 내 기둥
분신은 내 창고
보고도 말이 없다
특급 비서실장

알고도 모르쇠
비밀 창고

특급 비서실장
밤에는 흔적도 없고
달을 찾아갔나

백두홍

그림자만 남긴 너
봄바람의 어깨 너머
행여 머리카락 흔들면
봄바람으로 생각하며

유유자적 강변에 서서
할미꽃을 심어 놓고
구름 바다를 바라본다

자라서 꽃 피고 비가 오면
누리의 슬픈 사연으로
꽃씨가 되어 같이 가자

꽃씨가 없어지면
가슴이 저미는
슬픈 사연도 사라지니
모든 신념을 잊어다오

빈 잔

잔 속 고독을 채우고
잔 속 슬픔을 채우고
잔 속에 행복을 담고
잔 속은 생각뿐이다

부어도 빈 잔
채워도 빈 잔
잔 속에 사랑 채우고
잔 속에 그림자 채우고

채워지는 것은
오직 생각뿐
밤에는 한 잔
낮에는 빈 잔

이팝나무

밥이 붙은 나무
봄에는 배부르고
가을에는 배고파

있을 때 저축하고
절약하는 나무가 돼라
이팝나무 너는 흰밥만 먹고
없을 때를 생각해라

잡곡과 함께하면
절약되고 건강이 되고
아는가 모르는가?

이팝나무야
이팝나무야
절약은 후회 없다

즈믄 날 꿈

즈믄 날 뒤척이는 밤
그대의 가을 강은
지금도 눈물 속에 꿈
아주 먼 날에
그리움에 목 탄 세월

노랑 단풍잎 하나
금강 백사장 하품에 날아
그대 창틀에 입 맞추며
말없이 가슴속 열

갈댓잎 하품 소리
아직도 솟아나는 열
우린 먼 추억 속의 존재
갈대 바람 흔드는 속 아픔

무지갯빛 비출 때
지난 즈믄 날 뒤척이던 밤
사랑이여

그대의 강물
오늘도 갈대 바람처럼
파도처럼 흔들고 가는가?

노숙인

부서진 바지 사이로
인정 없는 쇠바람
미친 춤추는 바람이
동장군을 끌어안고

둥지는 어디에 두고
요란한 터널 대합실
얼음 장판 위에
제 둥지인 양
머리 쑤셔 박고
갈 곳을 잃었나

골판지에
바람 이불을 덮고
날개 부리를 묻는 대로
꿈속으로…

열차 창문에 비친 얼굴
너울 그림자 주마등처럼
오늘도 무심한 군상 속에

묻혀서
부서지고
사라지고…!

쓰나미

벚꽃 길에 비가 내려앉는다
벚꽃이 투덜투덜 내려앉는다
비 내리는 포구에 소주 한 잔

군함 속 오라 한다
수병은 말없이 나를 본다
선배 수병 무섭다고

소주잔에 꽃잎 하나
쓰나미 한 방울

붉은 적산 가옥 지붕 위에
방사선 진액
육십 년 전 게다짝 공사장
지금은 방사선 페인트

벚꽃 간다니
번영로 벚나무 울고
비 젖은 꽃이 아니다

군산항의 벚꽃 터널
언제 다시 오나
벚꽃이 울며
쓰나미 가져가라

사월은 도대체 왜 왔나
잔인한 사월이여
쓰나미 오지 마라

방풍은 가라
적산 가옥 양철 지붕에
벚꽃을 덮겠다

흰 봄빛

와옥 용마루에 봄빛이 앉아
허리 휜 빛이 들어가 낡은 봄빛
반쯤 누워 있는
사립문 사이로 봄빛이 지나
들고 나고

사립문 사이 드나드는 봄빛이

용마루 넘나드는 사이
와송
하루를 넘나들며
마중하네~

제5부
나는 가수다

나는 가수다

나는 가수다
장마가 밉다
그래도 가수다

종일 노래하고
청중이 오면
일단 중지

피아노 연주
바이올린 연주
색소폰 연주
나도 가수다

종일 명곡만 부르고
까치가 부러워하는
나는 가수다

견우-화

눈이 오나 비가 오나
가슴에 박힌 너
바람이 가슴을 쓸고 가네

수십 년 한 번도 못 보고
모래밭에 견우-화 그리고
가슴 쓸고 가는 소리
녹음도 할 수 없네
눈보라 치는 운동장에 서서
목이 터지게 부르고
연연히 쌓이는 견우-화

금강 한강을 넘어
어디로 가고 있나
손전등 끼고 서서

강바람 사이로
나를 기다리나
목숨 다한
견
우
|
화

구름 과자

구름 과자
산에도 구름 과자
강에도 구름 과자

나도 구름 과자
강도 구름 과자
하늘도 구름 과자

나도 구름 과자 먹고
산도 구름 과자 먹고
강도 구름 과자 먹네

나의 구름 과자 하트
산의 구름 과자 안개
하늘 구름 과자 솜털

그림자

그림자
나와 영혼이 간다
산도 가고
나도 간다

강을 건너간다
나와 같이 가자고
산은 강을 건너간다
구름이 호수를 가두어
나는 갈 수 없다

산은 다리가 없이 간다
나는 키다리가 없다
해는 서산을 넘는다
나는 강을 못 넘어가고
노을빛만 넘어간다

산이 사라지며
천상의 떨림으로
그림자와 같이 간다

나는 강을 못 넘고
산과 함께 사라진다

그림자는 어디 갔나!
숨바꼭질하며
산 그림자는 숨었다

노송

속리산 장군 바위
눈 내리는 소리
비 오는 소리
말 없는 장군 바위
비 맞고 서 있는
장군은 멀리 남해를 보네

바람 따라 운무 속으로
옆에 서 있는 노송
바람을 막고 흔들어
속세를 등지고
송림으로 변하여
장군만 지키고

언제쯤 장군이 동할까
기다리고 기다려 수천 되어

천년 송이 되었나
만년 송이 되었나
장군봉 주변만 쓸고 또 쓸고

노송은 언제쯤
노성을 행할까

늙은 단풍

봄에 태어난 어린 싹
비바람 가슴 아파하고
어느덧 어른이 되었네

무더운 여름
오늘도 얼마나 땀이 내릴까
가을바람에 나는 성인이 되고

위에서 밑으로 늙어
차가운 바람에
산은 불이 나고

나는 일 년 살고
늙은 단풍 되었네

유치원 한번 가봤으면
학교 한번 못 가고
졸업 한번 못 하고

예쁠 땐 책갈피 속으로
많은 사람의 사진 속으로
사랑받던 나는
늙은 단풍 되었네

국자는 국 맛을 모른다 3

사찰에서 쓰는
국자는 국 맛을 알까
군에서 쓰는
국자는 맛을 알까
해장국
국자도 맛을 모른다

의사당 정객은
정심을 알까
삭발하고 머리띠 쓰는 이
민심을 알까

사-드가 왜 필요한지를
그들은 왜 모르나

맛을 모르면
두려울 것이 없다
얼음을 펴도
촛불을 들어도
횃불을 들어도
그들은 대답이 없다

매미 가수

도시를 점령한 가수 매미
아파트를 장악한 노래 무대
묵념하는 주홍 매미가 더 무섭다
모든 농사를 망치는 꽃매미
아파트 매미가 더 강하다
무임승차 아파트 건반 오르내린다
호주산 삼각머리매미
배주머니매미
맴맴맴 울어대는 매미 떼들
소음 기준 공해 초과
과태료 이백만 원 고지서 발부
매미도 과태료 이백만 원…
옥외 설치 확성기 소음
육십 데시벨 초과 과태료
아파트 장악 매미 팔십 데시벨
과태료 내야 한다
말매미 꽃매미 삼각머리매미
배주머니매미 애매미
참매미 각각 과태료 부과 징수
국고 수입 배로 늘어만 간다

설인(雪人)

말이 없다
손도 없다
너는 무슨 생각으로
앞만 보고 있나

눈사람
머리는 있으니
생각은 있겠지

무슨 생각을 하나
입이 얼어 말이 없나

눈을 뜨고 보지 않는
입이 있어도 말이 없네
눈사람
누구를 기다리나

욕심

물은 깨지지 않고
연잎은 욕심을 버리고
한 모금만 마시면
비우고 또 비운다

마음으로 비우기 위해
고개를 숙인다
마음은 잡초
고통은 탐욕
탐욕을 버리고

맑은 마음
고운 미소
연꽃!

향수(香水)

이름 없는 향기가
코, 앞을 지나간다
생각도 없이
보이지도 않고
코끝을 뭉개고 스쳐간다

향의 목적은 무엇인가
바람은 어떻게 하나
생각이 없다
향의 마음은 같다

향기는 마음을 밀어낸다
향은 마음을 흔들어
향기는 밉다

장승 단풍

비 오는 날 단풍과 나
우산과 코-드로 만나
한 개의 꿈을 제조하고
우리의 꿈을 엮어서

바다로 띄우면
길 잃은 파도가
외로움을 묶어두고
침묵의 세월 끝에

슬픔은 단풍 속으로
외로움도 단풍 속으로
그리움을 엮고 엮어서

지난 슬픔을 시간 속으로
외로움 속을 스쳐버리고
당신 가슴에 찬바람
우산은 낡고 장승이 돼버린

단풍은
단풍은…

택배

봄이 오시나
강변을 따라
여인의 어깨 너머서

봄의 무 걸음
여인의 숨소리

초록으로 오고
향기로 오네

남녘에서 피는 봄
벚꽃 매화꽃
파도 향기
구름 꽃

동백은 잎이 먼저
꽃은 립스틱을 바르고

힘이 넘치고
잎은 반짝 눈부시고

귀는 고요함
물비늘도 반짝
눈, 부시네

허상

실직한 내가
아름다운 금강을 사랑하여
오늘 밤은 비가 주르륵

창가에 앉아 소주를 마신다
빈 술잔에 앉는다
비 사이로 빛이 나들이했다

올 것은 아니 오고
번개만 지나고

술잔을 비우니
빛은 사라지고
빈 잔만 보인다

제6부

주마등

간이역

시속 삼백 킬로미터
바람 터지는 소리
번개 같은 열차는 사라지고
감상할 여유를 허락 않는다

쾌속 질주에 간이역의
낭만은 사라지고

오직 목적지만 바라본다
철선을 달리는
산골의 간이역

사람은 내리지 않고
그림자만 지나간다

주마등

스쳐간다
섬도 스치고
산도 달려간다

주마등에 매달려
또 사라진다
당신은 무엇인가?
등대 위에 걸리는 것
물안개 끈
파도 소리
웃음소리

당신은 무슨 존재
햇빛에 검게 물든
갯바위가 아니며

밤에는 사라지고
개똥벌레
주마등처럼 지나고

나에게는 오지 못하는
당신은 무슨 존재

주마등처럼
등대 불빛처럼 사라져…

관시(串柿)

바람에 주렁주렁
소리 따라 걷는다
허공 속으로 굴러
손자 주려고 엮은 건시

달빛에 떨어져
쥐구멍 속으로
시간은 그렇게 흘러
준시는 간 곳도 없고

색동을 입은 월력
목화 덮인 카-드
손자 오면 달밤에도
건시 준시 사라지네

기도 2

해바라기의 기도
식탁도
수저도
젓가락도
언제나 나보다 먼저
나보다 먼저 기도 바치고

침묵 속에 감사
매일 먹는 식사도
수년이 되어도
항시 나는
순박하지 못하네
창 너머 멀리
구름 밑으로
붉은빛 기도

나는 무겁게 기도
나는 즐거운 기도

국자도 국 맛을 모른다

모든 산에 산불
의사당에는 쌈불
광장에는 촛불
백성은 열불
정치인은 진정으로
맛을 아는가?

우리 모두 종합병원 신세
국자도 국 맛을 모른다

굴뚝새

주소도 없고
주민번호도 없는 굴뚝새
어느 날 갑자기

개발인지 건설인지
주소가 사라져
굴뚝도 없어져

갈, 곳 없는 굴뚝새
빗속에 며칠 동안
탱자나무 그늘에

배고픔도 있고
개발이 뭔데
내 주소를 빼앗아갔나

변호사도 없으니
나는 어데 가서
하소연 하나
굴뚝새는 쪽방도 없나
안경도 집이 있는데…

눈

비가 내리고
벚꽃이 달리고
소금발이 달린다

가을은 봄을 밀어내고
여름은 봄을 싫어하나
하루는 봄
하루는 여름

겨울은 봄을 시샘하고
여름은 봄을 미워하네

순서

강아지가 먹던 밥은
닭이 먹고
닭이 먹던 밥은
고양이가

고양이가 먹던 밥은
쥐가 먹고
쥐가 먹다 남은 밥은
참새가

참새가 먹고 남은 것은
개미가

개미가 먹고 남은 것은
땅속으로
쥐구멍 속으로

향수(鄕愁)

선운사 동백꽃
풍천 장어
미당의 단골손님
풍천 장어
복분자 타령
가가마다 고소한 향

풍천은 지도에 없는데
바닷바람과 민물의 함수
강 하구를 풍천이라

고향의 유명세
풍천
장어는 없고
향수만 품는다

해바라기

해바라기는
해만 보지 않는다
해바라기 꽃
어린 해바라기는
하늘만 보고

중년이 되면
좌우만 본다
해바라기는
바람을 따라 미소 짓고
해바라기가 꽃이 지면
지구를 향한다

성년이 되면
해는 종일
해만 본다

설사(雪寺)의 길

허물어진 석축
이삭을 떨군 억새
눈보라 쓴 폐허

달빛 바람 빛 눈길
사람의 마음은
길을 닮는다

명상과 번뇌를 흩날리는
눈보라 실어 흩어버리고
가부좌

시비와 분별을 버리고
마음의 부처 속 귀의한다
눈보라가 지워버린 마음

마음이 걸어가는 모양이
닮은 길
마음 떠날 생각이 없네

솔방울이 떨어지는데
눈보라가 지우개처럼
마음을 지우고
나만 남겨놓고 가네

쓸데없는 마음을 비워야 하나
마음들이 사라진 자리에
침묵만 좌정
늙은 산등성 세찬 바람
옆구리만 긁고 가네

대웅전 빗살문 늙어
화려함 늙어가네
천장에 비친 상
천상의 지상 명령
문미에 앉아 눈발은 본다
내 마음 부서질 걸 알면서

철든 가을

괴로운 아빠
주말 날씨 엄청 청명
놀고 보자
성화 속 농성

가을은 행방불명
길다 보니 변심했나
가을인지 여름인지
가을 계속 진행 중

개나리가 웃고 있는데
군고구마 생각나네
가을은 실종되나
백화점은 찬 바람 부네

놀이공원 만원 세례
가을은 독서의 계절
사라지는 계절

여행사는 대만원
인간의 본성을 위해
독서는 기본이다

나의 문학(文學), 나의 문학관(文學觀)

— 寶山 유선기

시작 노트 I

풍성하던 잎은 모두 털고 있는데
삶의 미련을 버리지 못한
단풍잎이
가지 끝에 파르르 떤다.

가뭄이 목마른 단풍잎도 바짝
말라, 붉게 상기됐다.

모든 풍경을 닮아 수많은 곡절을
간직한 한 잎의 속내다.

기러기 울음 울고 온 바람 차고
붉게 변한 가을 숲……

낙엽 따라 계절이 흐른다
단풍잎 떨어진 자리에 허공이 오고
허공은 낙하한다.

갈잎 사이로 파란 그리움이 창틀에
걸쳐 시어(詩語)를 낚시하며
시차(詩茶)를 맛보고 싶다.

시작 노트 II

"국" 전문가
"국자도 국 맛을 모르는데…
너는 시(詩)를 아는가?"

노트에 나를 적는 밤이
짧아지기를 바란다

낮달은 돌아가는 바람일까?
물고기의 씨앗을 품은 바람일까?
세상의 역사는 나보다 많다

내 상처가 타인에게
상처를 줄 수 있는
면죄부가 되지는 않다

그림자는 언제나
시야에서 멀어지고
거짓과 위선이 될 수밖에 없다

끝내 시(詩)가 되지 못한
얼음 조각들처럼…!

희망찬 상처 딱지
그림자도 사라지고
쓸쓸한
나뭇가지 끝에 서 있다.

시작 노트 Ⅲ

자연은 온 기척도 없이 가고
바람은 소리로 연주한다.
갈대도 하늘을 청소하는데
우리는 매일매일 싸움박질,
언제쯤 어디쯤 가야
조용한 미소도 돌아올는지…!
털어내고 비우고 비워야 즐거운 꿈이 온다.

나는 언제쯤 다 비우고 털어내서
무심으로 돌아갈지 몰라도 대답은 없다.

독서의 강국 일본은 국민 1인당 연간 책을 19권,
한국은 9.9권, 중국은 4권 정도이라니
아시아에서 출판 산업이 가장 번성한 나라는
대만 1인당 출판 건수 17.8건,
한국은 8.7건, 일본은 6.2건, 중국은 1.3건.
미국 · 독일은 1% 성장,
한국은 -2.4% 성장을 한다는데…!

이제는 편 가르기, 공포정치로 싸움만 하지 말고
진리를 찾는 독서와 씨름을 하면 어떨까?

시작 노트 Ⅳ

시가 울면 천년이 간다.
이겨도 지고 져도 이긴다.
지구상에 어디를 가도
해는 뜨고, 지고 간다.

시간 차이는 인간의 생각일 뿐…
사물의 빛과 그림자를 그리면서
위력에 너, 나, 없이 인정하고 있다.

달과 태양은 그림자 없듯이
시를 알기 위해 끊임없이 물음표를
입에 물고 또 물어도 답은
나는 바보다.

물고기는 눈물을 보이지 않는데
시를 사랑하면서 마음을 비우고
죽을 만큼 괴로운 것을 넘어 잠시
눈물을 접고 참된 것을 듣기 위하여
좀 더 넓게 깊게 마음을 비워야
혼돈 속에 마음을 정리하여
알찬 **시**를 쓰고자 노력(努力), 노력뿐이다.

해 설

본질적인 가치 지향의 정서 표현과 페르소나

— 유선기 시집 『꽃은 화장을 안 해도 예쁘다』의 시세계

김 관 식 (시인, 문학평론가)

1. 들어가며

우리는 살아가면서 여러 가지 페르소나를 지니고 살아간다. 스위스의 심리학자이자 정신과 의사인 칼 구스타브 융의 말처럼 가면 쓴 인격을 지니고 살아가게 된다. 그에 의하면 사람의 마음은 의식과 무의식으로 이루어지는데, 그림자와 같은 페르소나는 무의식의 열등한 인격이며 자아의 어두운 면이라고 한다. 자아가 겉으로 드러난 의식의 영역을 통해 외부 세계와 관계를 맺으면서 내면세계와 소통하는 주체라면 페르소나는 일종의 가면으로 집단 사회의 행동 규범 또는 역할을 수행한다는 것이다.

그래서 많은 사람들은 이러한 페르소나의 역할을 수행하면서 진정한 자아를 발견하지 못하고 살아가게 된다. 유선기 시인은 사회가 요구하는 이러한 복잡한 관계 속에서 자아를 찾기 위한 일환으로 시를 써왔다. 살아가면서 보고 듣고 경험한 것들을 시상으로 떠올려 형상화한 시들을 모아 시집 『꽃은 화장을 안 해도 예쁘다』로 엮어놓았다.

여러 가지 페르소나를 지니고 살아온 지난날들을 되돌아보며, 영원히 변하지 않는 다이아몬드와 같은 본질적인 가치 지향의 정서를 추구함으로써 페르소나를 탈피하고자 하는 의지를 보인다. 이러한 일련의 시 작업을 시집 『꽃은 화장을 안 해도 예쁘다』로 묶어놓았다. 그의 시집이 지향하는 시세계를 탐색함으로써 그의 정신사적인 편린들을 추척해보기로 한다.

2. 본질적인 가치 지향의 정서 표출 · 현

자크 라캉의 욕망 이론에 따르면, 인간의 주체는 늘 타자가 욕망하는 것을 욕망한다고 한다. 예를 들어 타자의 원형은 어머니이고 바로 어머니가 타자가 된다면 아이는 어머니가 자신을 돌보아주지만, 자신이 어머니의 모든 것이 아니라는 것을 어느 순간 깨닫게 될 때 아이는 '어머니는 무얼 소망하고 욕망하는가, 내가 그걸 채워주어야 하지 않을까?' 라는 생각에 사로잡히게 된다. 이렇게 주체의 욕망은 타자의 욕망에 의해 생성이 된다. 타자가 욕망하는 것, 즉 타자가 결여하고 있는 것을 충족시켜줌으로써 자신이 결여된 것 역시 채울 수 있지 않을까 하는 무의식적 욕망이 작동하게 된다.

남을 위해 진정한 자기 모습을 희생하면서 억지웃음을 지으며 살아가야만 하는 현대인들의 가면적인 삶은 사회 속에서 소외되지 않기 위해 어쩔 수 없는 강요된 선택이지만, 그로 인해 개인은 수많은 내적인 전쟁을 치르면서 생존의 전리품을 얻게 된다. 그렇기 때문에 자아와 페르소나를 동일시하며 살아가게 되면 진정한 자아는 희생을 당하게 된다.

따라서 우리가 페르소나라는 가면 뒤에 숨어서 이 세상과 접촉할 때 우리의 '개인적인 삶'은 찾아볼 수 없게 되며, 우리는 삶의 진정한 모습으로부터 점점 더 멀어지게 되는 것이다.[1] 유선기 시인은 이러한 이중적인 삶의 거리에서 시를 창작함으로써 자아를 찾아 나선다.

> "국" 전문가
> "국자도 국 맛을 모르는데…
> 너는 시(詩)를 아는가?"
>
> 노트에 나를 적는 밤이
> 짧아지기를 바란다.
>
> …(중략)…
>
> 내 상처가 타인에게
> 상처를 줄 수 있는
> 면죄부가 되지는 않다.

---

1) 김성민, 『현대인과 종교 칼 융의 심리학과 종교 읽기』, 세창미디어, 2015, p.116.

그림자는 언제나
시야에서 멀어지고
거짓과 위선이 될 수밖에 없다.

끝내 시(詩)가 되지 못한
얼음 조각들처럼…!

희망찬 상처 딱지
그림자도 사라지고
쓸쓸한
나뭇가지 끝에 서 있다.

—「나의 문학(文學), 나의 문학관(文學觀)」 일부

"국" 전문가/ "국자도 국 맛을 모르는데…/ 너는 시(詩)를 아는가?"라는 끊임없는 내면의 물음에 대한 답을 찾기 위해 "노트에 나를 적는 밤"이 짧아지기를 바라는 간절한 소망으로 시를 써왔다고 본다. 이는 자아를 찾아 나서는 도정에서 필연적으로 겪어야만 하는 내면적인 갈등이다. 결국 그가 시집 제목에서 제시한 "꽃은 화장을 안 해도 예쁘다"라는 말도 그의 문학관을 한마디로 압축해놓고 있다. "꽃은 화장을 안 해도 예쁘다"라는 이 말은 가면을 쓰지 않는다, 다시 말해서 페르소나를 갖지 않고 본질적인 가치를 지향한다는 그의 문학관을 대변한다고 보겠다.

이러한 본질적 가치 지향으로 페르소나를 벗어나고자 하는 자세는 "현대인의 긴장을 해소시키는 심안(心眼)으로/ 산다는 가치를 발견할 때까지" 계속하겠다는 의지로서 「序詩」에서도 밝히고 있다.

1) 본질적인 가치의 실현을 위한 원형 공간
— 제1부 〈국자는 국 맛을 모른다〉

최근 사회 의식에 대한 비판적인 시각과 나라를 걱정하는 마음을 담은 「국자는 국 맛을 모른다 1」 시의 마지막 행에서 "비상하는 새도 뒤를 보지 않는다"는 의미심장한 깨달음의 화두를 던지고 있다. 그렇다. 날아가는 새가 뒤를 돌아보면 앞으로 나갈 수 없는 것이다. 생활 속에서 평범한 진리를 알면서도 그것이 깨달음으로 오고 실천으로 옮겨지기는 쉬운 일이 아니다. 「봄소식」은 왔으나 "황사 바람/ 구름 몇 점 입에 물고/ 한낮도 깜깜하구나" 하는 심각한 환경문제에 골머리를 앓고 있다. 누구를 탓하기 전에 이는 지구촌에 살아가는 사람들이 자신의 욕망만을 추구하는 나머지 생태계의 질서를 파괴한 결과로 빚어진 자연의 재앙이다.

그러나 유선기 시인은 어렸을 때 소박한 「소망」이 좌절된 검소한 생활 경험을 통해 좀 불편한 생활을 감수하면서 자연과 더불어 살아가길 바란다. 그래서 형의 바지를 물려 입었던 검소한 생활 모습, 즉 "작은 옷은 오래 못 입고/ 헐렁 바지 헐렁 샤쓰/ 헐렁한 옷을 입으면/ 헐렁한 옷이 나를/ 입고 있다"라는 사람이 주체가 되는 것이 아니라 역설적으로 옷이 주체가 되는 삶, 자연이 주체가 되는 삶을 옷이라는 자연의 제유적 표현으로 대체하여 생태주의 생태 의식으로 살아가야 하는 당위성을 전하고 자연과 인간이 하나가 되는 삶을 추구하고자 의지를 드러내고 있다.

오리가 먹다 버린
반쪽 달이 물 위에 출렁 흘렁
강바람에 피리 부는 갈대

강물은 달을 먹고
달은 강물을 쪼개고
이슬이 망을 본다

강물은 건너가는 마음
유성이 쏟아지는 강변에
나, 뿐이다

—「금강」 전문

자연의 질서가 조화를 이루는 오리, 달, 강바람, 갈대, 유성 등의 이미지는 오염되지 않는 자연 그대로의 강을 의미한다. 그곳에서 "유성이 쏟아지는 강변에/ 나, 뿐이다"라고 대자연의 질서 속에 던져진 자신의 존재를 발견한다.

우리들은 한곳에 머물지 못하고 「이사」를 자주 가게 되고, 때로는 다른 일에 쫓기어 집을 비워두게 되면 "거미줄 우편함"이 소식을 맞아들여 「입주한 거미집」을 만나게 되는 상황이 되기도 한다. 이처럼 거미가 입주할 정도로 자신이 거주하는 자아의 공간을 비워두고 페르소나의 쫓기는 삶을 살아가게 되는 게 오늘날 우리들의 생활 모습이다.

우리들이 살아가면서 가장 행복했던 시기는, 페르소나가 없고 본질적인 가치만 있는 원형적인 공간인 유년시절이다. 그는 "땡감 나무 밑에서/ 친구와 같이/ 딱지치기"하던 유년의 공간에 머물기를 원한다. 그래서 늘 「생각 1」이 스트레스를 받을 때면 유년의 공간에 머물기를 희망하며 「매화」의 향기처럼 자아를 찾아 「맥주보리」가 변신을 거듭하여 마침내 시간이 멈춘 상태, 시간을 초월한 경지에 이르러 명주로 태어난다는 깨달음을 얻게 된다.

「붉은 연기」처럼 역한 냄새를 풍기며 한순간에 사라지는 「담배」가 아니라 「소금」처럼 녹아 스며들기를 바란다. 그리고 욕심을 버리고 유유자적하게 「세월이」을 보내며 산사를 찾아 나서듯 자아를 찾아 「일주문」에 들어서서 깨달음을 얻고 「연화」를 보게 된다.

제1부 〈국자는 국 맛을 모른다〉는 본질적인 가치의 실현을 위한 원형 공간인 유년기와 대자연의 섭리 속에서 살아가는 자아를 찾아가는 과정에서 자신의 내면적인 갈등을 겪으며 깨달은 진리를 독백적으로 진술해 놓았다.

2) 자연에서 발견한 삶의 향기— 제2부 〈산청 향기〉

자연은 거짓이 없다. 그래서 사람들은 자연을 통해 자신의 삶을 뒤돌아보게 된다. 유선기 시인이 찾아간 산청의 왕산에서 그는 허준 선생의 체취를 느낀다.

산청의 왕산은 본래 왕의 이야기를 품고 있다고 하여 태왕산이라고 불렸던 산이었다. 태왕산에는 가락국의 왕궁인 태왕궁이 있었는데 가락국의 시조인 김수로왕은 집권 후반기에 태왕산 태왕궁에서 말년을 보냈으며, 가락국의 마지막 왕인 구형왕 또한 이 태왕궁에서 생을 마감했다는 전설이 전해지고 있다. 왕산에는 명의 허준 선생의 스승이라고 알려진 류의태 선생이 약재를 달일 때 쓰던 샘물이 있는 류의태 약수터가 위치해 있고, 그곳 정상에서는 지리산 천왕봉 · 웅석봉, 황매산, 둔철산, 가야산, 경호강 등의 주변 풍경이 파노라마처럼 펼쳐져 장관을 이룬다고 한다.

천황봉 아래
왕산 팔봉산
기가 넘쳐

양촌 허준
언제 다녀가셨는지—
수많은 약초가 향을 풀고

전국 한의원 다 모였다
지리산 꽃 각시
녹차 쑥차 구절초

향기가 진하다
개똥쑥 향이
어깨동무하자 한다

—「산청 향기」 전문

왕산, 팔봉산은 지리산 자락의 산으로 유선기 시인은 그곳을 찾아 약초의 향기를 맡으며 조선시대 명의 양촌 허준 선생을 떠올린다. 그리고 커다란 깨달음을 얻는다. 바로 「꽃은 화장을 안 해도 예쁘다」라는 평범한 자연의 진리를 몸으로 체험한다.

꽃은 화장도 하지 않지만
꽃은 세면도 하지 않는다
물은 화장을 할 수가 없다

인간은 화장을 하나
바르는 것은 오직 사람뿐
벽에 페인트를 바르듯

계속 바르면
모습이 변하여

본색을 모르면
주소가 변하고
성별이 변한다

그러나
꽃은 향미(香美)가 있다

—「꽃은 화장을 안 해도 예쁘다」 전문

화장은 타인을 의식하여 좀 더 타인에게 매력적으로 자신을 어필하기 위한 수단으로 선택한 페르소나다. 그러나 이러한 페르소나가 진실을 왜곡할 때는 많은 사회문제를 일으키게 된다. 보통 자신의 외모를 가꾸기 위해 한 화장이라면 타인에게 불쾌감을 주지 않고 상대를 기쁘게 하지만, 지나치게 과장되면 진실을 위장하기 위한 수단으로 작용한다. 지나친 화장으로 남성을 유인하여 자신의 돈벌이 목적을 달성하려는 술집 여인, 꽃뱀 등 진실의 가치를 왜곡하는 사람들이 있다. 본질이 왜곡된 거짓된 진리는 진리일 수 없고 많은 사람들을 갈등의 상황으로 몰고 가게 된다.

우리 주위에는 진실을 위장하기 위해 화장하는 사람들이 많다. 화장은 아름다움을 창조하는 기능도 있지만, 이러한 기능을 악용하면 진실을 감추는 위장술의 기능을 발휘할 수도 있다. 사람들이 화장의 역기능에 속아 인생을 망치는 경우가 허다하다.

「교맥 꽃」은 메밀꽃이 자람에 따라 변신을 하고 여러 가지 페르소나를 갖게 되는데, "변화되면/ 나는 사라진다"라며 하나의 페르소나를 가질 때 자아가 상실된다는 사실을 말하고 있다. 또한 「꽃나비」에서는 꽃은 찾아오는 벌 · 나비에게 꿀을 주고 벌 · 나비는 식물의 수분을 도와줌으로써 열매를 맺게 하는 순기능을 전함으로써 서로 공존하며 살아가는 사회생활의 모습을 그려냈다. 아울러 「꽃반지」에서는 진실성 있는 언약의 상징을 노래하였는데, 이를 물질주의의 상징인 "다이아몬드"와 상호 대비시켜 정신적인 가치와 물질적인 가치의 대립 상황에서 진실의 가치 · 정신적인 가치를 지향하는 삶이 더 가치 있다는 진리를 깨우치고 진실의 가치가 왜곡되어가는 「누수」를 경계해야 한다고 경각심을 일깨우기도 하였다.

그는 자연의 「들꽃」처럼 본질적인 가치 지향을 위한 많은 「생각 2」을 하게 된다. 태종대의 「석북」을 보고 남북통일에 대한 역사 의식을 노래하기도 하고, 「수포」의 절경을 시로 담아내기도 하며, 「안개」 속에서 들려오는 자연의 「음성」을 들으며 마음의 위안을 삼는다. 유년기의 아름다움을 생각하며 봉숭아를 심고 그 꽃으로 유년을 회상해 「봉숭아 꽃물」을 들여보면서 환호성을 지르기도 하며, "갯마을 죽도"에 가 유년기의 가슴속에 남아 있는 「흔적」을 조개 무덤에서 떠올리기도 하는 등 노년기의 외로운 모습을 적나라하게 보여준다.

흔히 사람은 젊었을 때 꿈을 먹고, 노년기에는 추억을 먹으며 젊은 날을 되새김질한다고들 한다. 본질적인 가치를 지향하며 후회 없이 살아온 삶은 행복하지만, 짙은 화장으로 자신을 감추며 살아왔다면 후회스러울 것이다.

제2부 〈산청 향기〉를 통해 유선기 시인은 자연 그대로의 향기를 맡기를 원하는 진실을 왜곡하지 않는 거짓된 페르소나를 벗고자 한다.

3) 사회 현실을 바라보는 비판적인 눈 — 제3부 〈슬픈 연서〉

사회 현실을 바라보는 시선은 긍정과 부정, 또는 무관심 등으로 요약된다. 긍정적인 시선이냐 부정적인 시선이냐 하는 문제는 시인의 인생관이라는 렌즈를 통해 본 시선이기 때문에 시인마다 같은 경험을 진술해도 견해는 다를 것이다.

펄 속에 묻힌
돛배처럼
가슴속에 묻혀 있는
슬픈 사연들

슬픔 하나
역사 속에 묻힌 슬픔
눈물도 달랠 길 없네
따스한 말로도
위로가 안 되고
다른 슬픔 속으로

깊이 묻힐 수 없듯이
그도 나의 슬픔 속으로
입장할 수 없네

혼자만의
슬픔 안에 머무는 것은
진정 위로
사랑하는 이여

항시 답답하였으나
오늘도 멀리 지켜보고
기다려주오

항상 거리를 두고
그대를 지나가는 듯

모두 용서해주고

용서하소서

—「슬픈 연서」 전문

구체적인 슬픔이 무엇인지 알 수는 없지만 "펄 속에 묻힌/돛배처럼"처럼 가슴속에 묻어둔 사연들이란 대개 젊은 날 이루어지지 못하고 떠나보낸 사랑 이야기들이다. 그 사랑이 혼자만 몰래한 짝사랑일 수도 있고, 서로 사랑하다가 인연을 맺지 못한 사랑일 수도 있지만 지난날의 추억은 아름답게 남는다. 사진으로 찍어두면 빛이 바래지만 기억 속에 저장하는 사랑은 선명하기 마련이다.

오늘날 컴퓨터가 발달하여 이에 대한 문제가 많이 발생한다. 잊혀야 함에도 컴퓨터 기록으로 남아 잊히지 않고 선명하게 모든 사람에게 공개되는 개인 정보 때문에 오죽했으면 '잊힐 권리'를 주장하겠는가? 여기서 '잊힐 권리'는 인터넷에서 생성 · 저장 · 유통되는 개인의 사진이나 거래 정보, 개인의 성향과 관련 하여 자기에게 불리한 정보를 포함한 모든 정보에 대해 인터넷 사업자에게 유통 기한을 정하거나 이를 삭제, 수정, 영구적인 파기를 요청할 수 있는 권리를 말한다. 인터넷상에서 잊히지 않아 영구적으로 잘못된 인상을 타인에게 심어주기 때문에 이에 대한 권리는 무척 중요하며 앞으로 해결해 나갈 중대한 문제로 대두되고 있다. 그는 자신만이 기억하고 있는 젊은 날의 「고행」은 "지우개로 지울 수 없"다고 말하고 있다.

오늘날 젊은이들이 얼굴 성형에 지대하게 관심을 갖는 사회

상황에 대한 비판 의식을 보인 「동색」, 공원에서 상수리나무에 매질하며 덜 익은 상수리 열매를 따려는 사람에 대한 비판을 담은 「기다림」, 경건한 마음으로 살아가는 삶의 자세를 그린 「기도 1」, 나랏일을 맡은 국회의원들의 행태에 날카로운 비판 의식을 드러낸 「국자는 국 맛을 모른다 2」, 저물어가는 자신의 모습을 되돌아보며 소금꽃처럼 피어난 모습을 보고 메밀꽃에 대한 연상 작용을 이어간 「염화」, 그리고 어린 시절 배고파하며 장에 간 엄마를 그리워하는 모습을 노래한 「열무」, 농경 문화의 상징인 「워낭 소리」, 국가 원수들의 평화를 지향하는 모임에 대한 생각을 피력한 「미르 G20」, 자연에 대해 명상한 「태풍」·「함태산」, 촛불 집회에 대한 비판 의식을 담은 「처방전」 등을 제3부 〈슬픈 연서〉로 엮어놓았다.

4) 자연과 자아의 일체화를 꿈꾸는 삶에 대한 고백 — 제4부 〈용봉사〉

제4부 〈용봉사〉는 자연과 자아의 일체화를 꿈꾸는 삶에 대한 고백이다. 먼저 젊은 날의 꿈을 꾸었던 「용봉사」라는 시에서 해당 공간을 통해 자신을 시인의 길로 인도한 김효태 시인에 대한 고마움을 독백적 진술로 풀어내고 있다. 그리고 「가을」에 대한 단편적인 생각과 「노고초」를 심은 경험을 형상화화하기도 했다. 또한 죽방을 비추는 「달」과 자아와 일체화된 생각을 담은 「분신」, 아름다운 풍광을 그려낸 「변산 길」, 단란한 참깨 가족의 여행 이야기를 담은 「백호마」, 할미꽃에 대한 상상력을 드러낸 「백두홍」, 서로의 고독과 슬픔을 채우는 모습을 비춘 「빈 잔」, 근검절약 생활을 강조하는 「이팝나무」, 시

골의 고즈넉한 풍광을 담은 「흰 봄빛」, 금강 백사장의 추억을 담은 「즈믄 날의 꿈」, 측은지심으로 바라보고 사회 의식을 표출한 「노숙인」, 군산항 근현대사를 시로 형상화한 「쓰나미」 등 자연과 일체화를 꿈꾸며 살아온 편린들을 〈용봉사〉에 담아놓았다.

벚꽃 길에 비가 내려앉는다
벚꽃이 투덜투덜 내려앉는다
비 내리는 포구에 소주 한 잔

군함 속 오라 한다
수병은 말없이 나를 본다
선배 수병 무섭다고

소주잔에 꽃잎 하나
쓰나미 한 방울

붉은 적산 가옥 지붕 위에
방사선 진액
육십 년 전 게다짝 공사장
지금은 방사선 페인트

벚꽃 간다니
번영로 벚나무 울고
비 젖은 꽃이 아니다

군산항의 벚꽃 터널

언제 다시 오나
벚꽃이 울며
쓰나미 가져가라

사월은 도대체 왜 왔나
잔인한 사월이여
쓰나미 오지 마라

방풍은 가라
적산 가옥 양철 지붕에
벚꽃을 덮겠다

—「쓰나미」 전문

군산항의 풍경과 지금까지 남아 있는 일제 강점기의 적산 가옥들을 통해 그때의 역사적 현실을 오늘날의 상황과 대비하여 역사적인 상상력으로 형상화한 시이다. 자연과 자아의 일체화는 물론 과거에 살아온 인물들이 남긴 건축물을 통해 오늘날과 오버랩 시켜 「쓰나미」라는 무저항적인 재해가 오지 않기를 바라는 마음을 표현했다.

5) 객체화된 자연물의 주체화를 통한 생태주의 생태 의식의 실현 — 제5부 〈나는 가수다〉

자연의 소리는 아름답다. 바람 소리, 빗소리, 매미 울음, 산새 울음, 꿩 울음소리, 산속 동물들의 울음 모두 자연의 소리다. 그러나 오늘날 사람들이 행복 추구를 위해 자연을 부문별

하게 파괴하는 폭력을 휘둘러 생태계의 질서가 무너지고 결국 그 역기능으로 사람들의 생존까지 위협받는 상황이 벌어지게 되었다. 따라서 지속 가능한 발전을 위해 자연과 더불어 살아가는 생태 의식이 그 어느 때보다 강하게 요구되는 시대이다.

이런 시기에 「나는 가수다」라고 표방하는 자연의 소리에 우리들은 겸허하게 귀 기울여야 한다는 메시지를 전하고 있다.

나는 가수다
장마가 밉다
그래도 가수다

종일 노래하고
청중이 오면
일단 중지

피아노 연주
바이올린 연주
색소폰 연주
나도 가수다

종일 명곡만 부르고
까치가 부러워하는
나는 가수다

—「나는 가수다」 전문

매미는 수년간의 시간을 땅속에서 살다가 겨우 1~3주라는 짧은 순간 짝을 찾기 위해 울부짖은 뒤 알을 까놓고 생명을 다하게 된다. 이러한 「나는 가수다」라는 존재 의식은 우리 인간의 상상력이 미치지 못하는 생명의 비밀을 간직하고 있다.

유선기 시인은 유년의 상상력으로 구름을 과자로 비유하여 「구름 과자」로 재미있는 상상 놀이를 해보기도 하고, 나팔꽃과 자신을 일체화하여 「견우-화」로 표현하기도 한다. 특히 유선기 시인은 시의 소재로 등장하는 많은 식물들의 명칭을 일상적으로 통용되는 한글 표현의 명칭이 아니라 모두 잘 쓰지 않고 사전에만 나와 있는 한자투의 식물명을 일부러 사용함으로써 식물의 명칭이 여러 가지로 불리고 있음을 알리려는 의도를 보인다. 이러한 시도는 독자들에게 새로운 지식을 알려주는 유목적인 기능을 수행하기는 하지만 시에서는 우리말의 아름다움을 시어로 표현함으로써 생생한 정서적 공감을 얻어야만 시적인 효과가 있기 때문에 독자가 사전을 찾지 않고 이해할 수 있는, 통용되는 명칭이어야 시적인 정서 전달이 원활해질 것이다.

「국자는 국 맛을 모른다 3」에서는 최근 나라 안팎의 문제 상황을 표출하였고, 「그림자」에서는 자연과 자아가 일체화되는 경지를 노래했으며, 「노송」에서는 속리산의 모습을 역사적 상상력을 발휘해 그려냈다. 그리고 「매미 가수」에서는 매미에 대한 재미있는 상상력으로 사회를 풍자하고 있다.

도시를 점령한 가수 매미
아파트를 장악한 노래 무대

묵념하는 주홍 매미가 더 무섭다
모든 농사를 망치는 꽃매미
아파트 매미가 더 강하다
무임승차 아파트 건반 오르내린다
호주산 삼각머리매미
배주머니매미
맴맴맴 울어대는 매미 떼들
소음 기준 공해 초과
과태료 이백만 원 고지서 발부
매미도 과태료 이백만 원…
옥외 설치 확성기 소음
육십 데시벨 초과 과태료
아파트 장악 매미 팔십 데시벨
과태료 내야 한다
말매미 꽃매미 삼각머리매미
배주머니매미 애매미
참매미 각각 과태료 부과 징수
국고 수입 배로 늘어만 간다

—「매미 가수」 전문

사회적인 현실을 매미로 재미있게 풍자한 시다. 그 밖에 물활론적인 사유로 자연을 의인화한 「늙은 단풍」, 눈사람에 대한 생각을 담아낸 「설인(雪人)」, 연꽃 이미지를 통해 무소유의 상상력을 펼친 「욕심」, 후각적인 감각을 살린 「향수(香水)」, 우산 이미지로 승화시킨 「장승 단풍」, 봄이 오는 자연의 소리를 공감각적으로 상상한 「택배」, 실직자의 모습을 그린 「허상」 등

자연과 인간이 공존할 수 있도록 자연물을 주체화시킴으로써 인간 위주의 생태관에서 생태주의 생태 의식으로의 패러다임 변화를 촉구하는 시의식을 강하게 어필하였다.

6) 파노라마 영상 기법으로 재현한 삶의 순간들 — 제6부 〈주마등〉

우리는 옛날과 비교해서 시간과 공간의 제약을 뛰어넘고 있다. 과학 문명의 발달과 교통 통신 문화의 급속한 발전으로 시공간이 축소되었다. 전국이 일일생활권이 되었을뿐더러 세계인이 여러 나라를 비행기로 짧은 시간에 여행을 하는 게 가능하게 되었고, 공간의 제약을 뛰어넘어 핸드폰으로 지구촌의 어느 나라건 즉시 문자와 동영상을 주고받는 시대가 되었다. 그러니까 옛날에 비교해서 그만큼 속도가 빨라진 생활환경 속에 놓여 있는 것이다. 옛날 사람들보다 몇 곱절 더 많이 보고 더 많이 경험할 수 있게 되었다.

속도의 개념을 옛날에는 주마등이라고 표현하였다. 이는 말을 타고 다니던 시대의 이야기다. 그러나 오늘날은 고속철도와 비행기 등이 있어 과거 말을 타는 시대와는 비교할 수 없을 정도로 빠른 속도로 파노라마 영상이 펼쳐진다.

스쳐간다
섬도 스치고
산도 달려간다

주마등에 매달려

또 사라진다
당신은 무엇인가?
등대 위에 걸리는 것
물안개 끈
파도 소리
웃음소리

당신은 무슨 존재
햇빛에 검게 물든
갯바위가 아니며

밤에는 사라지고
개똥벌레
주마등처럼 지나고
나에게는 오지 못하는
당신은 무슨 존재

주마등처럼
등대 불빛처럼 사라져…

―「주마등」 전문

말을 탈 때보다 더 빠르게 달리는 고속열차가 멈추지 않고 지나치는 「간이역」, 손자와 소통 통로의 매개체인 「관시」, 경견한 자세를 드러낸 「기도」, 한심한 정치 사회 세태를 비판적으로 그린 「국자도 국 맛을 모른다」, 도시의 재개발로 밀려나는 소시민을 안타까운 시선으로 바라보는 「굴뚝새」, 겨울의 「눈」, 동물들의 생존을 위한 먹이 다툼의 질서 상황을 형상화한 「순서」, 선운사의 기행 소감을 담은 「향수(鄕愁)」, 해만 바라보는 향일성을 노래한 「해바라기」, 가장의 모범을 보이는 아버지상을 그린 「철든 가을」 등 그는 "허물어진 석축/ 이삭을 떨군 억새/ 눈보라 쓴 폐허// 달빛 바람 빛 눈길/ 사람의 마음은/ 길을 닮는다"라는 「설사(雪寺)의 길」에 대한 명상을 펼친다.

우리가 문학을 하고 시를 창작하는 행위는 자연의 순리에 정신적으로 공감하려는 인간의 아름다운 자세에서 비롯되는 일련의 「설사(雪寺)의 길」을 걷는 행위인지도 모른다.

3. 나가며

유선기 시인의 시는 본질적인 가치 지향의 정서를 표출한 시로, 페르소나를 벗어나고자 하는 의지를 형상화해놓았다. 그의 이러한 작업은 물질만능의 가치관이 지배하는 오늘의 사회에서 인간성을 회복하려는 의지이며, 동시대를 살아가는 사람들에게 던지는 휴머니즘적인 메시지라고 볼 수 있다.

각 부로 짜인 그의 시집의 시세계를 요약하면 다음과 같다.

첫째, 제1부 〈국자는 국 맛을 모른다〉에서는 본질적인 가치의 실현을 위한 원형 공간인 유년기를 그려내고, 대자연의 섭리 속에서 살아가는 자아를 찾아가는 과정에서 자신의 내면적인 갈등을 겪으며 깨달은 진리를 독백적으로 진술해 놓았다.

둘째, 제2부 〈산청 향기〉에서는 자연에서 발견한 삶의 향기를 약초를 통해 역사적인 실존 인물인 허준을 통해 자연 그대로의 향기를 맡기를 원하며 진실을 추구하고자 거짓된 페르소나를 벗어나려는 의지를 드러냈다.

셋째, 제3부 〈슬픈 연서〉에서는 비판적인 눈으로 사회 현실을 조망했다.

넷째, 제4부 〈용봉사〉에서는 자연과 자아의 일체화를 꿈꾸는 삶에 대해 진술하고, 자연과 자아의 일체화를 역사 의식으로 실현하고자 했다. 이에 과거에 살아온 인물들이 남긴 일제강점기의 건축물과 오늘날의 사회 환경을 오버랩해 「쓰나미」라는 무저항적인 재해가 오지 않기를 바라는 마음을 표현했다.

다섯째, 제5부 〈나는 가수다〉에서는 객체화된 자연물의 주체화를 통해 생태주의 생태 의식을 실현하려는 의지를 보였다.

여섯째, 제6부 〈주마등〉에서는 파노라마 영상 기법을 사용해 시공간의 축소로 빨라진 속도 속에서 삶의 순간들을 재현해놓았다.

시집 상재를 축하하며 현대를 사는 메마른 영혼들을 만족게 하는 시인으로 거듭나길 바란다.

문학세계대표작가선 830

꽃은 화장을 안 해도 예쁘다

유선기 시집

인쇄 1판 1쇄　2017년 12월　4일
발행 1판 1쇄　2017년 12월 10일

지 은 이 : 유선기
펴 낸 이 : 김천우
펴 낸 곳 : 도서출판 천우
등　　록 : 1992. 2. 15. 제1-1307호
주　　소 : 서울시 성동구 무학봉28길 6 금용빌딩 2F
전　　화 : 02)2298-7661
팩　　스 : 02)2298-7665
http://moonhak.wla.or.kr
E-mail : chunwo@hanmail.net

값 12,000원

ISBN 978-89-7954-695-8

이 도서의 국립중앙도서관 출판예정도서목록(CIP)은 서지정보유통지원시스템 홈페이지(http://seoji.nl.go.kr)와 국가자료공동목록시스템(http://www.nl.go.kr/kolisnet)에서 이용하실 수 있습니다. (CIP제어번호: CIP2017033162)